U0595699

信息图少儿奇趣历史系列

石器时代

[英]乔恩·理查兹 著 张弛 译

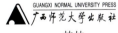

SHIQI SHIDAI

GUANGXI NORMAL UNIVERSITY PRESS
广西师范大学出版社
·桂林·

出版统筹：张俊显
品牌总监：耿 磊
责任编辑：王芝楠
助理编辑：韩杰文
美术编辑：刘冬敏
版权联络：郭晓晨
营销编辑：杜文心 钟小文
责任技编：李春林

The Stone Age (History in Infographics series)
Editor: Jon Richards
Designer: Jonathan Vipond
First Published in Great Britain in 2016 by Wayland
Copyright © Wayland, 2016
All rights reserved.
著作权合同登记号桂图登字：20-2018-022 号

图书在版编目（CIP）数据

石器时代 / （英）乔恩·理查兹著；张弛译. 一桂林：
广西师范大学出版社，2019.10
（"信息图少儿奇趣历史"系列）
书名原文：The Stone Age
ISBN 978-7-5598-2178-2

Ⅰ．①石… Ⅱ、①乔…②张… Ⅲ．①世界史—石器
时代—少儿读物 Ⅳ．①K11-49

中国版本图书馆 CIP 数据核字（2019）第 190690 号

广西师范大学出版社出版发行
（广西桂林市五里店路 9 号 邮政编码：541004）
（网址：http://www.bbtpress.com）
出版人：张艺兵
全国新华书店经销
北京博海升彩色印刷有限公司印刷
（北京市通州区中关村科技园通州国金桥科技产业基地环宇路 6 号
邮政编码：100076）
开本：787 mm × 1 092 mm 1/16
印张：2.5 字数：45 千字
2019 年 10 月第 1 版 2019 年 10 月第 1 次印刷
审图号：GS（2019）74 号
印数：0.001~5 000 册 定价：39.80 元

如发现印装质量问题，影响阅读，请与出版社发行部门联系调换。

目录 | CONTENTS

欢迎来到信息图的知识世界

用人人都能明白的信息图搞懂各种历史奇趣知识。

想一想冰河时代的海平面有多高。

学一学早期人类怎样捕捉并杀死猎物。

看一看剑齿虎的尖牙有多长。

读一读人类祖先什么时候出现。

比一比冰河时代动物与现代大型动物的体形。

什么是石器时代

石器时代是人类文明中时间最早、历时最长的时代。260万年前，从我们人类的祖先学会制作和使用石头工具起，石器时代就开始了。这个时代延续了超过200万年，直到约4000年前，人类开始使用金属工具。

旧石器时代

约260万年前　旧石器时代

约260万年前至1万多年前

约260万年前
第一件简单的石头工具被制作出来。

约150万年前
人类进化为直立人。

约80万年前
早期人类开始用火烹煮、取暖和吓跑食肉动物。

约80万年前—20万年前
人类大脑的容量迅速增加。

石器时代占据了**99%**的人类历史。

新石器时代
8000年前至约4000年前

中石器时代
15000—10000年前至8000年前

新石器时代

约4000年前

中石器时代

8000年前

15000—10000年前

使用工具
能人是最早制作和使用工具的古人类。目前被发现的最早的石头工具是一块距今约260万年前的砾石砍砸器。

约20万年前
人类进化为智人。

约18000年前
最后一个冰河时代的顶峰。

约15000年前
人类开始圈养动物和种植某些种类的植物。

砾石砍砸器是一种切割工具，通过削去砾石的碎片来制作出锋利的边缘。

石器时代的人类是什么样子

石器时代是人类飞速进化的时代，人类从脑容量并不比猿类大多少的南方古猿进化为现代人类，也就是智人。

人类

智人

穴居人

直立人

能人

早期智人

罗百氏傍人

南方古猿

傍人

南方古猿非洲种

100万年前

200万年前

300万年前

最早的人类近亲

最早的人类近亲的化石可以追溯到近600万年前，比石器时代要早得多。这是一种被称为"乍得沙赫人"的动物化石。在石器时代的开端，也就是大约260万年前，几种更像现代人类的物种进化为两个种群——"南方古猿"和"傍人"。现代人类的直系祖先，也就是直立人，最早出现在150万年前。

午得沙赫人颅骨

脑容量

各个种群的早期人类不断进化，他们的脑容量也变得越来越大，其中一个迹象就是他们变得越来越聪明。

南方古猿非洲种

预计脑容量

智人 →

预计脑容量

400~500毫升

预计脑容量

800~1200毫升

直立人 →

预计脑容量

1300~1750毫升

人类近亲

傍人鲍氏种

400万年前

500万年前

600万年前

聪明的物种

Homo sapiens（智人）这个词来自拉丁语，意思是"有智慧的人类"。智人最早出现在20万年前的非洲大陆。

⑤

迁徙

现代人类在非洲逐渐进化后，花了超过10万年才走出非洲大陆。不过，他们走出非洲大陆后，迁徙速度马上加快了，在不到10万年的时间内就遍布世界的每一个角落，并迅速取代了在他们之前走出非洲的其他人种。

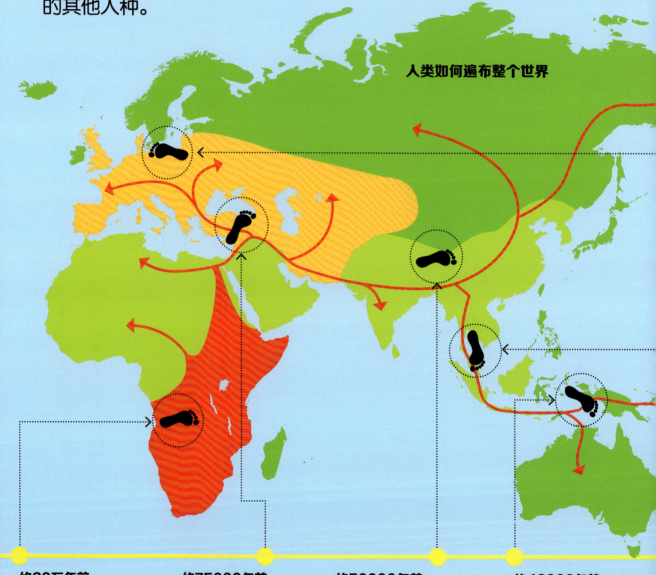

人类如何遍布整个世界

约20万年前
现代人类出现在非洲。

约75000年前
现代人类离开非洲。

约50000年前
现代人类到达南亚。

约46000年前
现代人类通过陆桥抵达澳大利亚。

早期人类

南方古猿　　　　直立人　　　　智人

1.1米

早期人类的迁徙分布

南方古猿　　直立人　　智人

弗洛瑞斯人

弗洛瑞斯人是早期人类的一种，生活在约50000年前。他们的身高只有1.1米，其遗迹只在印度尼西亚的弗洛瑞斯岛上被发现过。

约43000年前
现代人类抵达欧洲。

约30000年前
现代人类抵达亚洲东部岛屿。

约14500年前
现代人类经过陆桥抵达北美洲。

约1000年前
人类穿越太平洋中的小岛，最终抵达新西兰。

工具的使用

约260万年前

锤石
　　用来打破石核，以得到锋利的石片、石器。

　　石器时代见证了人类使用石器的巨大变化。石器时代早期人类的工具只不过是粗糙的、具有某种形状的石块，到了石器时代晚期，工具已经制作得非常精细，使用者可以用它完成复杂的工作。

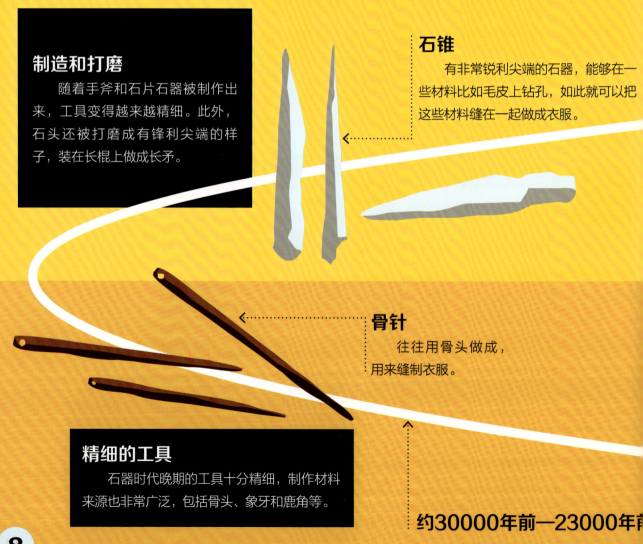

制造和打磨
　　随着手斧和石片石器被制作出来，工具变得越来越精细。此外，石头还被打磨成有锋利尖端的样子，装在长棍上做成长矛。

石锥
　　有非常锐利尖端的石器，能够在一些材料比如毛皮上钻孔，如此就可以把这些材料缝在一起做成衣服。

骨针
　　往往用骨头做成，用来缝制衣服。

精细的工具
　　石器时代晚期的工具十分精细，制作材料来源也非常广泛，包括骨头、象牙和鹿角等。

约30000年前—23000年前

石核石器

石核石器被敲下来之后，石块就有了可以用来切肉和取出骨髓的锋利边缘。

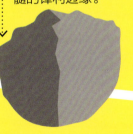

石片石器

薄而锋利的石片石器被用来完成精细的工作。

最早的工具制作者

能人是最早制作和使用工具的古人类。"能人"（Homo habilis）的意思是"有技能的人"。

石镞

石制箭头，可用来制作成矛和飞镖袭击快速移动的猎物或击退危险的掠食者。

40万年前—20万年前

火的使用

科学家已经发现了70000年前早期人类使用火来加热石头的证据。通过加热，石头更容易被打造成工具。

叉子

用骨头、鹿角或象牙雕琢而成，这种有倒钩的工具能够拦住如鱼类这样的猎物，不让它们挣脱。

狩猎和捕鱼

石器时代武器和工具的改良使得史前人类能够捕捉更多、更大的猎物。他们也创造出了捕捉猎物的新方法，这些猎物是人类蛋白质和其他营养物质的重要来源。

用陷阱捕捉大型猎物的办法

史前猎人们有时候会不停地追逐猎物，直到它们再也跑不动为止，然后再用长矛刺杀猎物。

面对体形庞大的猎物，比如猛犸象，或跑得飞快的猎物，猎人们会把它们赶到悬崖边。

1.4 米

被捕杀灭绝

石器时代的人类变得越来越善于狩猎，他们极有可能加速了不少种群的灭绝，其中包括雕齿兽——一种身披甲壳，看起来像犰狳但又有牛那么大的动物。

史前时代一些鲶鱼能达到**68千克**。

如果能抓到一条，就足够给80个人提供两天的肉食。

猎人们也会把目标锁定为年老或生病的猎物，这样的猎物更容易捕捉。

80万年前，人类学会了如何用火来烹煮他们捕获或采集的食材。

猎物也会被驱赶进沼泽，这样它就被困住了，捕猎也就更容易了。

目前最早的捕猎武器是发现于德国的3支长矛。它们已经有**40万**年的历史，被发现时附近还有10具被屠宰的马的遗骸。

采集和耕种

除了吃捕猎来的动物外，第一批人类也采集野生植物和果实作为食物。不过，随着学会如何培育某些植物，人类有了更加稳定的食物来源，食物的总量也增加了。

采集

人类的居住地决定了能够采集到的食物种类，其中一定有：

植物

比如蒲公英和荨麻

猫薄荷

芸香

某些植物，比如芸香和猫薄荷，可能是最早被用作药材的植物。

驯化动物

15000年前—12000年前
帮助捕猎的狗

11000年前—9000年前
提供肉类、奶类和皮毛的绵羊、山羊、牛和猪

6000年前
拉原始犁和货车的公牛

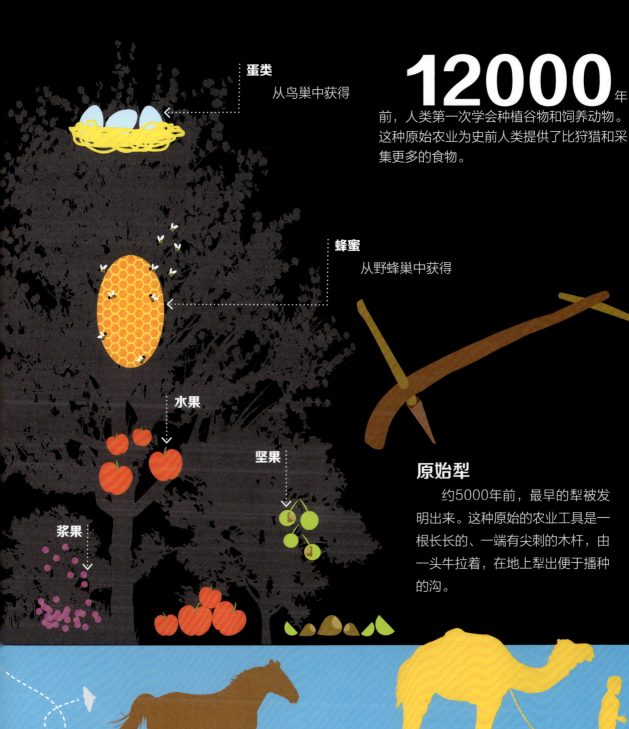

蛋类

从鸟巢中获得

12000年

前，人类第一次学会种植谷物和饲养动物。这种原始农业为史前人类提供了比狩猎和采集更多的食物。

蜂蜜

从野蜂巢中获得

水果

坚果

浆果

原始犁

约5000年前，最早的犁被发明出来。这种原始的农业工具是一根长长的、一端有尖刺的木杆，由一头牛拉着，在地上犁出便于播种的沟。

5000年前

捉有害小动物的猫、提供肉类并协助运输的马、提供丝线的蚕

5000年前—3500年前

搬运货物的骆驼

手工技艺

在整个石器时代以及铜石时代，随着有轮载具等物件和音乐、绘画、算数等被发明创造出来，人类的技艺经历了数次巨大的变化。

猎人

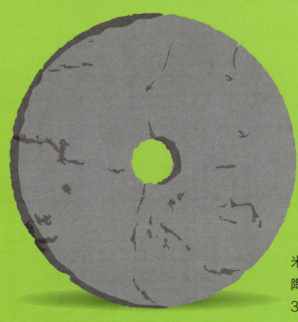

转啊转

大约公元前3500年，轮子在美索不达米亚被发明出来。不过，最早的轮子是制作陶器用的转盘。轮子被用来运东西还要再过300年。

计数棒

人们在非洲斯威士兰的莱邦博山发现了一块狒狒骨头，上面存留了人类进行10以上计数的证据。这块骨头有29个记号，一些科学家认为这些记号记录的是月亮的周期（一个阴历月份大约是29天）。这块骨头大约有35000年的历史。

大约在

11000

年前，石器时代的人类发现经过火炙烤的黏土比被太阳晒干的黏土更硬、更结实。

绘画

许多洞穴岩画表现了狩猎的场景，揭示出石器时代人类捕食的动物种类，其中包括马和牛。史前动物绘画已经在西班牙、印度尼西亚和罗马尼亚等地被发现。

马

牛

山羊

鹿

石器时代的调色板

石器时代的颜料是由木炭、氧化铁矿石（与生锈的金属很像的红色石头）和黄赭石，混杂着唾液、水或动物脂肪制作而成的糊状物。

红色氧化铁

黄赭石

木炭

手印岩画

现存的一些洞穴岩画展示了人类手印的轮廓。这些轮廓以吸管喷涂颜料的方式完成。这类手印图案已经在法国、西班牙、印度尼西亚和澳大利亚的洞穴中被发现。

1. 把颜料吸入吸管。

2. 把颜料吹在手上。

3. 手的轮廓显现出来。

15

石器时代的建筑

由于石器时代的人类经常迁徙，所以石器时代最早的建筑通常是临时性的。人类用他们能找到的任何材料搭建这些建筑。学会了耕种和饲养动物后，人类开始建造永久性建筑。

200万年前

原始人类开始造第一个庇护所。这类房子用一排石头固定树枝的方式搭建。

这类房子有的差不多有15米长——大约有两辆伦敦公交车那么长。

猛犸象腿骨

猛犸象牙

在乌克兰发现的早期4处人类庇护所用了 **149根** 猛犸象骨头。这几处庇护所可以追溯到15000年前。

石头住所

在苏格兰的奥克尼群岛上，有两座被叫作"霍沃尔小山"的石头建筑。这两座建筑可以追溯到公元前3700年，是世界上现存最古老的石头房子之一。

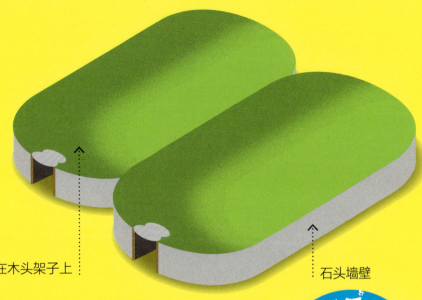

草做的屋顶覆盖在木头架子上

石头墙壁

石头圈和其他纪念物

人们在世界许多地区，比如北美洲、欧洲和非洲发现了史前石头圈。

在不列颠和爱尔兰群岛发现了大约

1300座

石头圈。

巨石阵

石器时代一种巨大的、圆形的石头建筑，由一圈土台和沟渠，以及围在其中的平地组成。有些平地上有纪念物，比如一个石头圈。

平地

环形沟渠

环形土台

坐落在英国埃夫伯里的巨石遗址是世界大型巨石阵之一。它大约建于5000年前，直径约425米，比4个足球场连起来还要长。

英国巨石阵

英国巨石阵中石头圈的建造经历了几个阶段，共花费差不多1500年。目前，我们还不知道巨石阵有什么用，但它的一些特征与天文事件相关，比如一年中白天最长的夏至日的日出。

巨石阵完成时的布局

33米

内环

夏至日日出方向

祭坛

巨石牌坊

外环

考古学家已经发现了大约**240**人埋葬在巨石阵附近的证据。

建造时间表 巨石阵的建造分为几个阶段

（大约）公元前**3000**年
第一批主要工作完成，挖掘两条环形沟渠，总长大约100米。

（大约）公元前**2500**年
巨大的石头被竖立起来，并被摆成马蹄形的内环和外环。

（大约）公元前**2250**年
更多的石头被竖立起来，一条将巨石阵与埃文河连起来的大道也被修筑完成。

（大约）公元前**1500**年
最后的修造工作完成，包括挖掘一条围绕整个巨石阵的圆形沟渠。

修造巨石阵用了两类石头

普雷塞利山

马尔伯勒丘陵地带

巨石阵

（另一条路径）

青石

青石来自南威尔士的普雷塞利山，根据两条可能的运输路径中的一条计算，大约有240千米路程。这些石头被放在滚轮上拖到威尔士海岸边，用木筏运到英格兰，然后再用滚轮拖到目的地。每一块石头的质量都与非洲象差不多。

4吨

50吨

砂岩原砾

砂岩原砾是南英格兰特有的一种石头。一块砂岩原砾的质量相当于25辆小汽车，它是从距离目的地40千米的马尔伯勒丘陵开采来的。砂岩原砾被放在滚轮上，每一块砂岩原砾需要600人才能拉动。

修建一座巨石牌坊

巨石牌坊是一排竖直排列的巨大石头，这些石头又托着水平摆放的石头。在马耳他岛和埃及阿拜多斯的奥斯里昂都曾发现过巨石牌坊。

石板被放入土坑里，再把它笔直地拉起来。

水平摆放的石头随着一层层抬升的脚手架被举起来，然后再被推到竖直石板的顶端。

19

石器时代的丧葬

石器时代的人类花费很多时间和精力去纪念逝者。他们为逝者修造巨大的坟墓，并用能够反映逝者身份和地位的物品陪葬。

草皮墓顶

20米

墓室

石头墙壁

纽格兰奇墓

纽格兰奇墓是坐落于爱尔兰的新石器时代坟墓，它的建造时间可以追溯到公元前3000年左右。这个巨大的坟堆里有一条约20米长的甬道，甬道的末端有一个墓室，在这个墓室之前有三个小墓室。考古学家认为，纽格兰奇墓可能是在葬礼之前存放遗体的地方。

典型石冢的剖面图

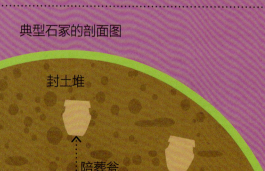

封土堆

陪葬瓮

墓穴

石冢

石冢是修造在墓穴之上的大型封土堆。被称作"陪葬瓮"的瓦罐被埋在石冢里，陪葬瓮中装着珠宝、武器和其他陪葬品。

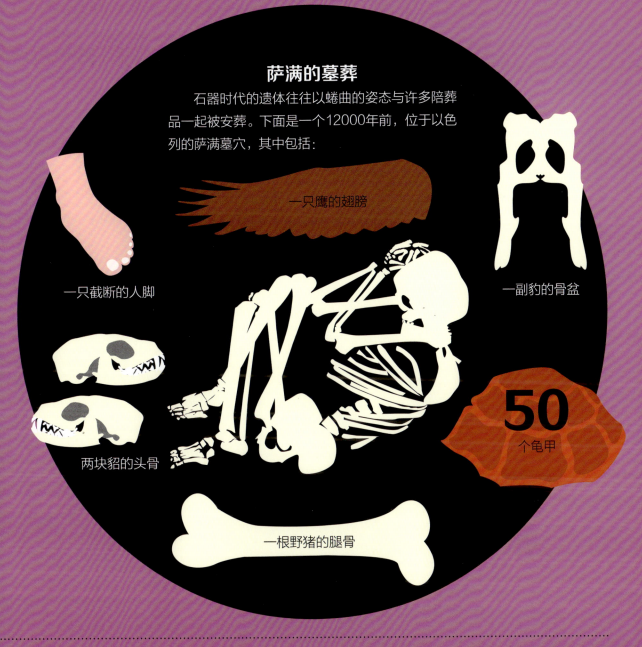

萨满的墓葬

石器时代的遗体往往以蜷曲的姿态与许多陪葬品一起被安葬。下面是一个12000年前，位于以色列的萨满墓穴，其中包括：

一只鹰的翅膀

一只截断的人脚

一副豹的骨盆

两块貂的头骨

50
个龟甲

一根野猪的腿骨

坟头

修造在墓穴之上的巨大土堆。

支石墓（石棚）

由两块竖直的巨石支撑着的一块横放的石头。许多支石墓上覆盖着泥土并用作坟墓。

冰河时代

进入石器时代之后，地球经历了几个冰川覆盖大片地球表面的寒冷时期，这几个时期被称作"冰河时代"。

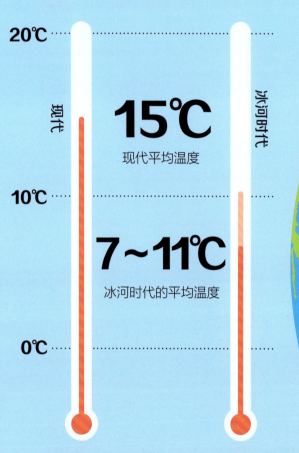

现代

20℃

15℃
现代平均温度

10℃

7~11℃
冰河时代的平均温度

0℃

冰河时代

北美洲

冰河时代的成因可能是大气组成的改变、太阳活动的变化、超级火山的喷发，以及外太空星体的撞击。

冰川

冰川的厚度能够达到4000米，差不多是非洲最高峰乞力马扎罗山海拔的2/3。

乞力马扎罗山主峰海拔5895米。

冰川横跨北欧和北美的大部。

4000米

冰河时代持续了 **21000年。**

冰河时代
之前的海平面

120米

胡夫金字塔，
146.5米。

冰河时代
海平面最低点。

海平面下降

海平面下降了120米——这几乎与胡夫金字塔一样高。结果就是，许多陆地连在了一起，比如不列颠群岛与欧洲大陆，以及俄罗斯与北美大陆。

亚洲

皮毛厚重的
猛犸象

逐渐变暖

随着冰川逐渐消退，大地慢慢回暖。冰河时代超过3/4的大型哺乳类动物灭绝了，其中包括猛犸象和剑齿虎。

剑齿虎
（长着锐利牙齿的老虎）

在欧洲，不列颠和德国中部都被冰川覆盖着。

欧洲

11500 年前，冰河时代结束。

石器时代的动物

许多石器时代的动物与现代动物差异很大，它们不断进化以适应同样不断变化的生存条件。这些动物包括大地懒、猛犸象和令人恐惧的剑齿虎。

大地懒
直立高达6米

大地懒体重可达

4吨，

相当于非洲象的体重

剑齿虎
肩高1.2米

老虎
肩高0.95米

长长的牙齿

剑齿虎有两颗长长的尖牙，最长可以达到20厘米，仅仅比篮球的直径短一些。

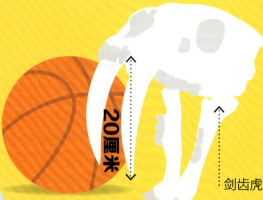

20厘米

剑齿虎的头骨

隔热层

猛犸象有一层厚达50厘米的皮毛，能够在冰天雪地中保持温暖，不仅如此，它们的皮肤下还有一层厚达8厘米的脂肪。

猛犸象在大约 **7600年** 前灭绝。

猛犸象
肩高4米

非洲象
肩高3.3米

人类 1.6米

长达4米

更长的牙齿

猛犸象的长牙能够长到超过 **4米**——比两个成年人的身高加起来还要长。而且牙齿的质量有 **90千克**，与一只成年袋鼠的体重相当。

后来发生了什么

在全球范围内，石器时代止于公元前2000年或更晚。当人类学会了从岩石矿中提取金属，也就是冶炼后，开始用金属打制物品和武器，最先被应用的金属是红铜和青铜，这个时代也因此得名：青铜时代。

公元前1900年
不列颠进入青铜时代

什么是青铜?

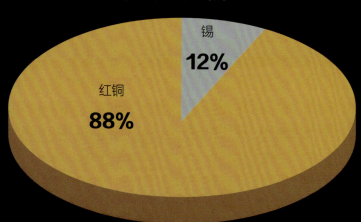

锡
12%

红铜
88%

楔形文字

公元前1000年

青铜时代大约在这个时间点结束并被铁器时代取代。

更先进的文明

最早出现青铜时代的文明之一是位于现代伊拉克南部的苏美尔文明。这个文明由10多个城邦国家组成，其中有埃里都和乌鲁克，并发展出了最早的文字之一：楔形文字。

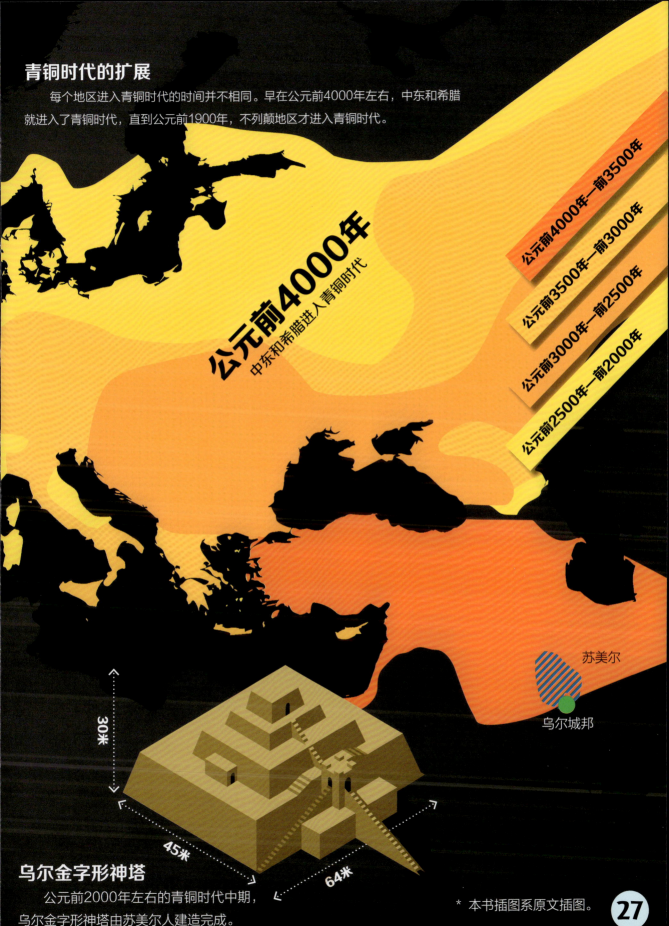

青铜时代的扩展

　　每个地区进入青铜时代的时间并不相同。早在公元前4000年左右，中东和希腊就进入了青铜时代，直到公元前1900年，不列颠地区才进入青铜时代。

公元前4000年
中东和希腊进入青铜时代

公元前4000年—前3500年

公元前3500年—前3000年

公元前3000年—前2500年

公元前2500年—前2000年

苏美尔

乌尔城邦

30米

45米

64米

乌尔金字形神塔

　　公元前2000年左右的青铜时代中期，乌尔金字形神塔由苏美尔人建造完成。

* 本书插图系原文插图。